ABC der Tiere 2
Arbeitsheft Sprachbuch

Herausgegeben von
Klaus Kuhn
Erarbeitet von
Klaus Kuhn, Kerstin Mrowka-Nienstedt
Illustriert von
Heike Treiber

Name: ______________________________

Klasse: ______________________________

Mildenberger

Inhaltsverzeichnis

Am Strand

In den Ferien macht Malte viele Entdeckungen am Strand.

Ordne die Nomen richtig zu und finde eigene Wörter.

Menschen	Tiere

Pflanzen	Dinge

Malte will Meeresforscher werden

S. 10

Malte sammelt am  viele Fundstücke.

In einer  bewahrt er  und  auf.

Einen  hat er wie eine  angemalt.

Dort legt er schöne  und  hinein.

 nimmt er in einem  mit.

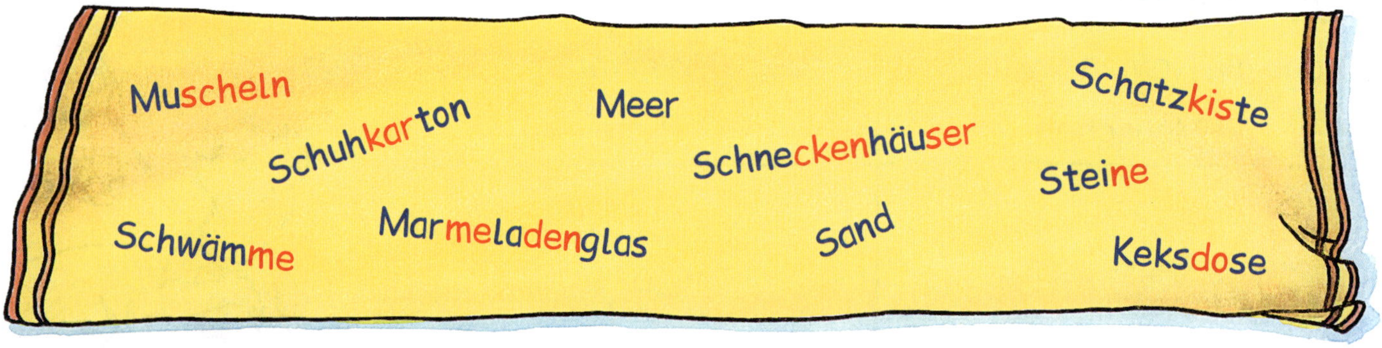

1. Besprecht, welche Nomen in die Lücken passen.
2. Schreibe die Geschichte auf. Setze die passenden Nomen ein.

der – die – das: Welcher Artikel passt?

1. Schreibe die Nomen einer Welle mit Artikel auf.
Bilde immer eine der-die-das-Reihe.

Meer – Bach – Welle

~~Küste – Strand – Ufer~~

Seeigel – Seepferdchen – Schnecke

Schiff – Jacht – Dampfer

Eimer – Schaufel – Sieb

Luftmatratze – Strandkorb – Schlauchboot

der Strand – die Küste – das Ufer

2. Bilde eigene der-die-das-Reihen.

Das sieht Hanna in den Ferien

S. 12

1. Schreibe **ein** oder **eine** in die Lücken.

Aus dem Wasser krabbelt ______ Krebs.

Im Sand liegt ______ Schneckenhaus.

Mutter findet ______ Austernschale.

Über dem Wasser fliegt ______ Möwe.

Im Wasser schwimmt ______ Qualle.

Vater sucht ______ Muschel.

Am Strand liegt ______ Bernstein.

2. Dein Partner nennt ein Nomen mit dem unbestimmten Artikel.
Bilde einen Satz.

3. Schreibe die Sätze auf.

______

______

______

______

Unterwegs gibt es viel zu sehen

S. 14

Finde zu jedem Nomen in der Einzahl das passende Nomen in der Mehrzahl.

Schreibe die Nomen mit dem bestimmten Artikel auf.

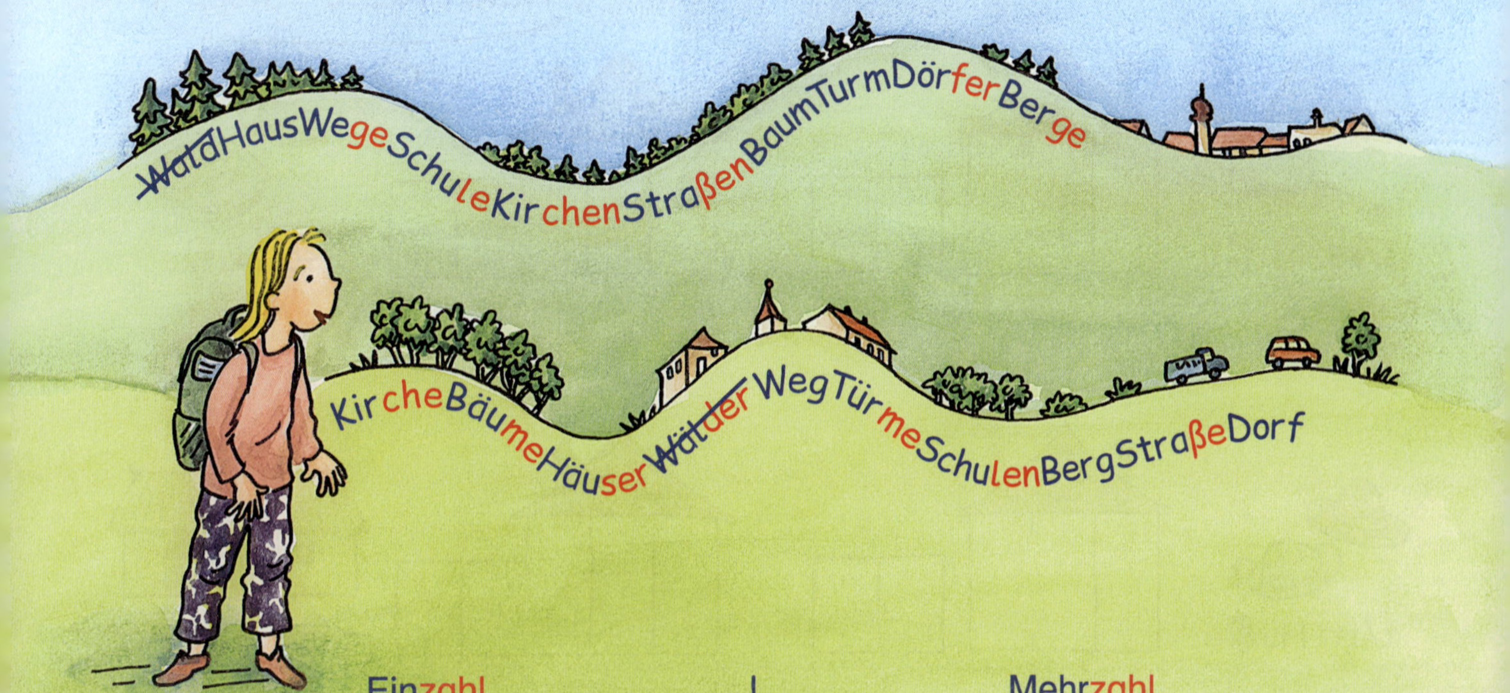

Einzahl	Mehrzahl
der Wald	die Wälder

1. Sprich und klatsche die Nomen im Häuschen-Rhythmus.

2. Trage sie in die Häuschen ein.

Nase - Nüsse - Stopp

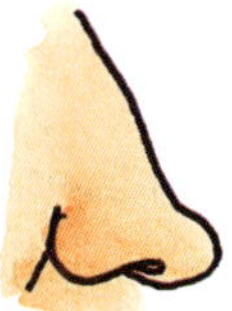
s/ss: Na?e

s/ss: Nü?e

t/tt: Hü?e

t/tt: Hü?e

f/ff: Scha?e

ief/iff: Sch?e

s/ss: Be?en

s/ss: Bu?e

s/ss: Kä?e

s/ss: Ka?e

Die flinke Katze

_______ –
Die Katze läuft im Schnee.

_______ –
Da hört sie ein Gekläff.

_______ –
„Der Hund erwischt mich nie.“

_______ –
„Jetzt auf den Baum, ganz schnell!“

_______ –
Der Hund ist gar nicht froh:

_______ –
Das Klettern ist zu schwer.

_______ –
Jetzt hat die Katze Ruh.

_______ –
„Heut war ich wieder fix.“

_______ –
„Auch war der Hund zu fett.“

Katrin Herter

1. Lest das Abc-Gedicht. Welche Abc-Abschnitte passen?
2. Ordne die passenden Teile des Abc zu.

Folge dem Abc

S. 19

Welches Tier will Hanna zeichnen?

1. Verbinde die Buchstaben in der Reihenfolge des Abc.

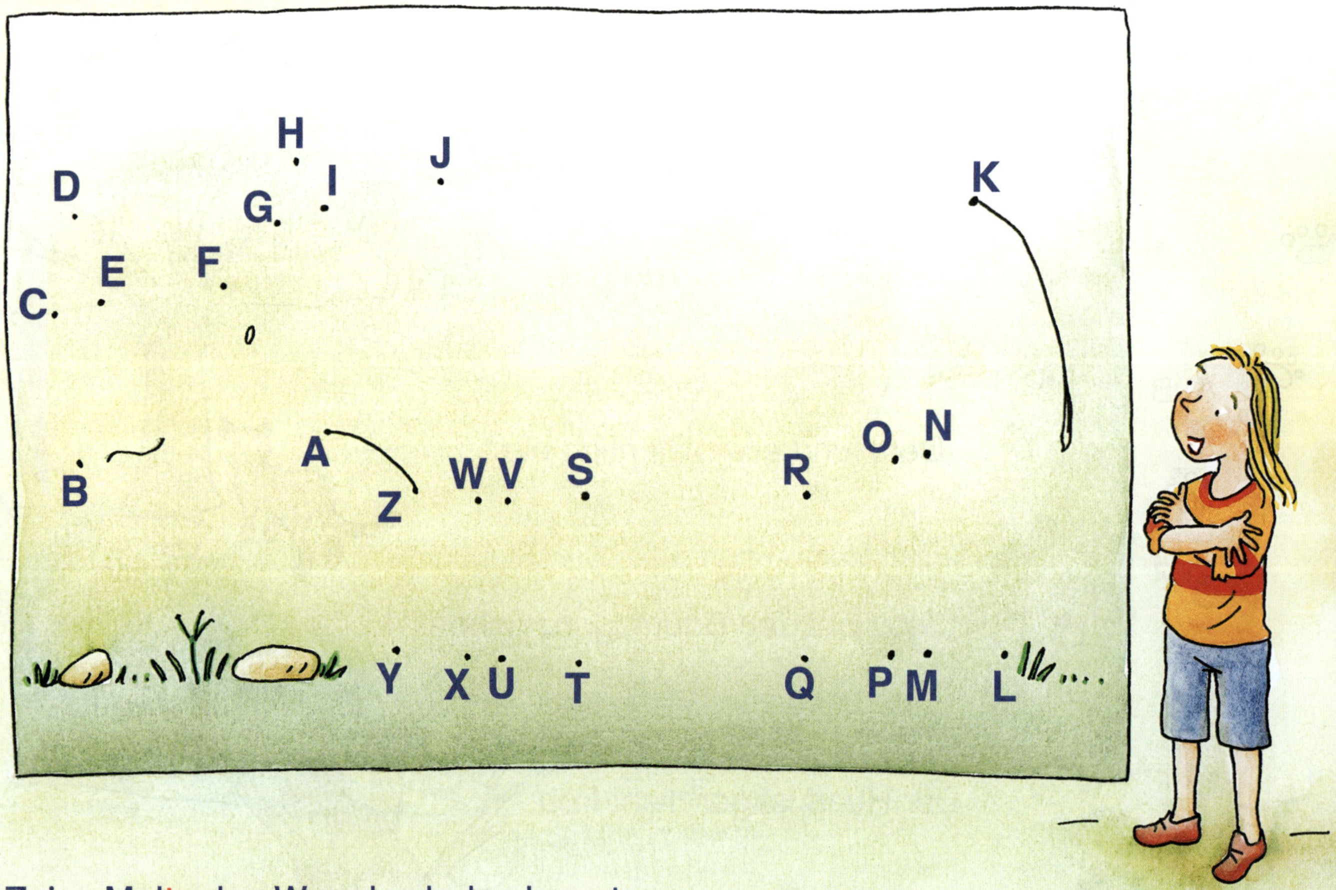

2. Zeige Malte den Weg durch den Irrgarten.

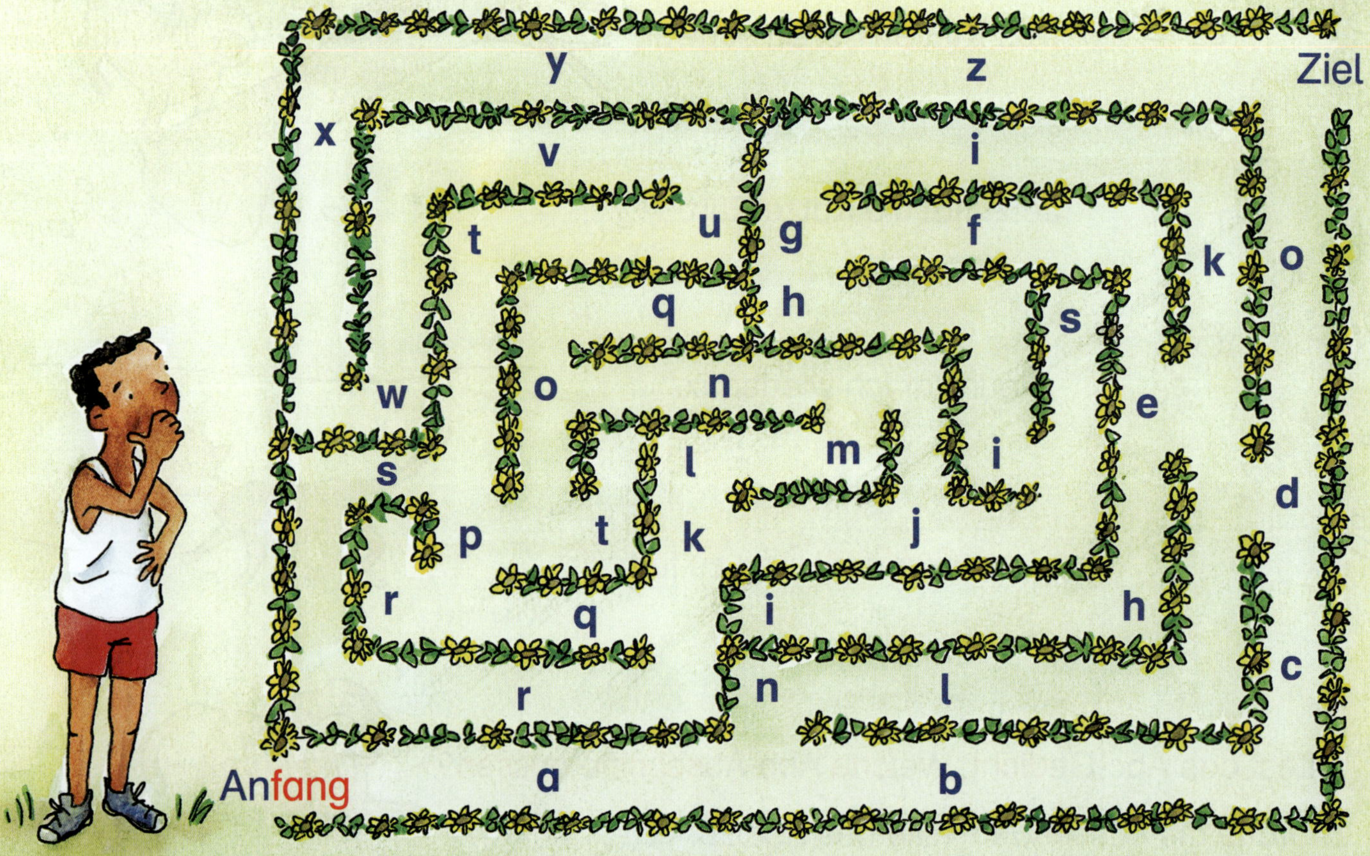

Auf die Vokale kommt es an!

S. 22

1. Ersetze die Blumen durch passende Selbstlaute, dann erhältst du verschiedene Wörter.

W_nd	Sch_le	_hr
Wand		
Wind		

H_se	Qu_lle	H_nd

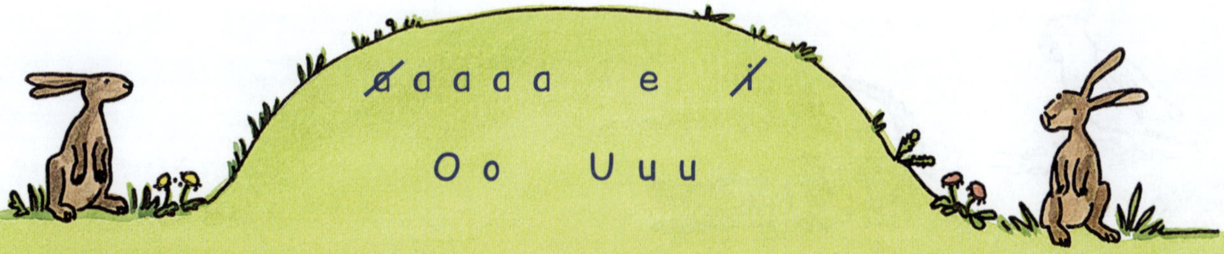

Hanna erhält eine geheime Botschaft.

W__r tr__ff__n __ns __nt__r d__r __lt__n L__nd__ __m W__ldr__nd. Br__ng d__s F__rngl__s m__t.

M__lt__

2. Ergänze die fehlenden Vokale und schreibe die Nachricht auf.

Wer ist der Erste?

S. 24, 25

1. Markiere die beiden ersten Buchstaben der Tiernamen.

2. Ordne die Tiernamen nach dem Abc. Beachte den zweiten Buchstaben.

1) ______________________

2) ______________________

1) ______________________

2) ______________________

1) ______________________

2) ______________________

1) ______________________

2) ______________________

3. Schreibe die Zahlwörter und die Seitenzahl des Wörterbuches auf.

		Seite			Seite
2			6		
4			7		
5			9		

Nomen oder Verben?

Hier sind alle Wörter kleingeschrieben, auch die Nomen.

1. Färbe die Felder mit den Nomen gelb und die Felder mit den Verben grün.

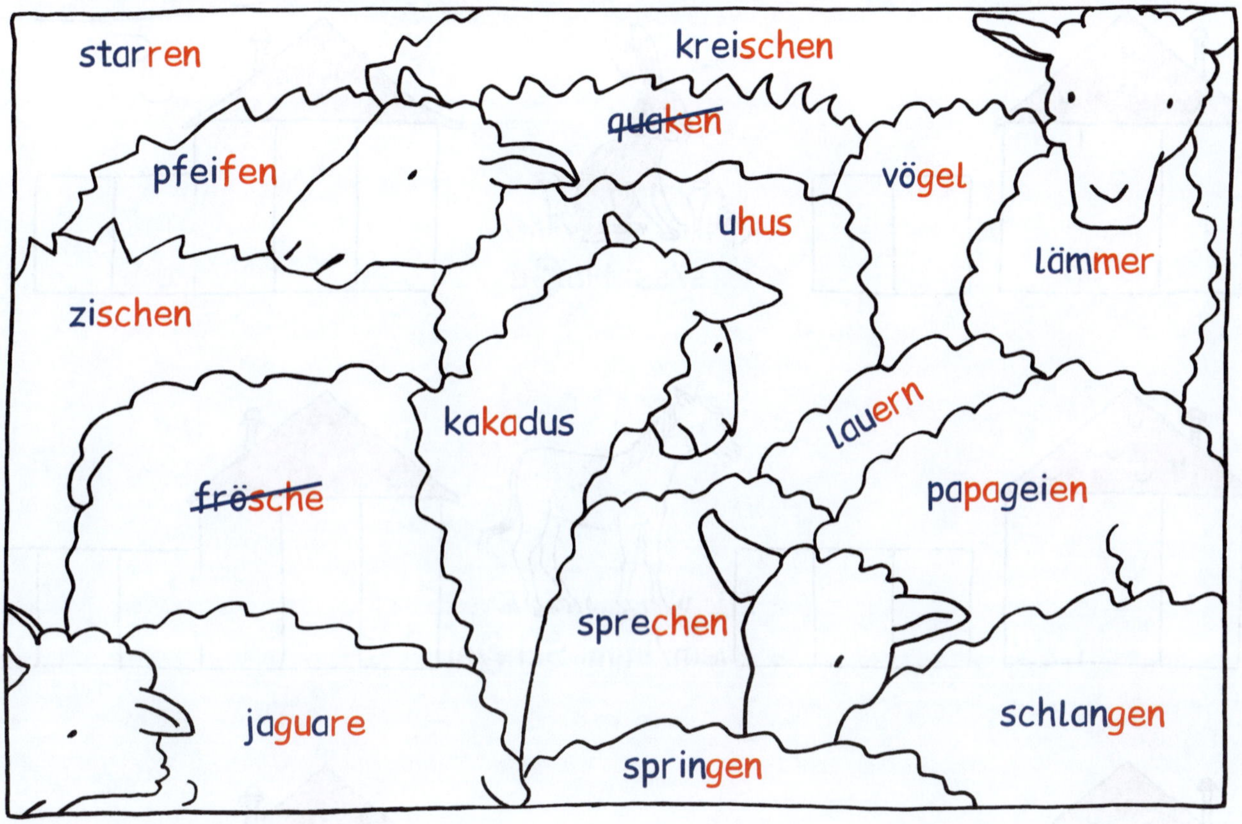

2. Trage so die Wörter richtig ein.

Nomen	Verben
Frösche	quaken

1. Sprich und klatsche die Nomen im Häuschen-Rhythmus.
2. Trage sie in die richtigen Häuschen ein.

Hase – ~~Hasse~~ – Stopp

s/ss: Ha?e

iem/imm: Sch?el

z/tz: Ka?e

p/pp: Ra?e

ieg/igg: Z?e

Der Rhythmus macht's! – Was kann ich schon?

S. 29

1. Sprich und klatsche die Verben im Häuschen-Rhythmus.
2. Trage sie in die richtigen Häuschen ein.

~~belen~~ - bellen - Stopp

A | C

l/ll: be?en

A | C

b/bb: tra?en

A | C

t/tt: schna?ern

A | C

k/ck: me?ern

A | C

k/ck: blö?en

A | C

p/pp: ho?eln

Hanna und Malte beobachten, wie die Tiere sich fortbewegen.

Schreibe Sätze.

Die Enten watscheln.

~~En~~ Ha Läm Schild Ti
Pfer krö fen ~~ten~~ mer
ger sen Af de ten

~~wat~~ sprin hop krie klet
schlei tra peln ~~scheln~~ gen
ben chen tern chen

Was wir im Herbst tun können

Zu jedem Wort in den Äpfeln passt ein Wort im Korb.

1. Verbinde die Wörter, die zusammengehören.

2. Schreibe die Verben in der er-Form und in der Grundform auf.

er-Form	Grundform
er findet	

Die er-Form mit Doppelkonsonant

S. 38

1. Sprich und klatsche. Welche Schreibweise ist richtig?
2. Setze ein und schreibe in der er-Form.

holen – ~~hollen~~ – Stopp

	Grundform		er-Form
l/ll	holen		Er holt.
l/ll	ste en		Sie
g/gg	fra en		
m/mm	ko en		
n/nn	begi en		
l/ll	ma en		
l/ll	fü en		
b/bb	kle en		
n/nn	re en		
g/gg	le en		
m/mm	schwi en		

Verbformen

1. Schreibe alle Verbformen.

lesen	malen	turnen
ich	ich	ich
du	du	du
er	er	er
sie	sie	sie
wir	wir	wir
ihr	ihr	ihr
sie	sie	sie

2. Ergänze die Verben in der passenden Form.

schreiben  Hanna ________ eine Geschichte.

flöten  Malte und Timo ________ ein Lied.

werfen  Paul ________ den Ball ins Tor.

Aus 1 mach 2!

S. 40

a → ä
au → äu

1. Ergänze Bild und Nomen zur Mehrzahl.

Glas

Gläser

Baum

Maus

Ast

Strauch

Zaun

Gras

Blatt

Ball

2. Finde weitere Nomen mit a oder au.

So ein Wind!

S. 41, 42

Der Wind hat die Wörter in den Sätzen durcheinandergewirbelt.

Schreibe die Sätze richtig.

Herbstsätze, Herbsträtsel

S. 41, 42

1. Schreibe die Sätze in der Einzahl. Fülle die Lücken aus.
2. Schreibe die Sätze in dein Heft.

Die Winde blasen.

Der _______________.

Die Bäume verlieren ihre Blätter.

Der _______________ seine Blätter.

Die Kinder sammeln Kastanien.

Das _______________ Kastanien.

Die Kinder laufen über die Felder.

Das _______________ über die Felder.

Die Kinder lassen den Drachen steigen.

Das _______________ den Drachen steigen.

3. Findest du die 5 Nomen und die 5 Verben?
Färbe die Nomen gelb, die Verben grün.

A	D	R	A	C	H	E	N	L	A	S	S	E	N
B	L	A	S	E	N	K	I	A	S	A	W	S	V
C	H	W	I	N	D	K	M	U	D	M	V	B	T
O	K	B	Ä	U	M	E	J	F	L	M	N	Q	K
W	L	I	E	R	M	N	E	E	H	E	K	X	I
F	E	L	D	E	R	P	M	N	O	L	K	E	N
U	Z	V	E	R	L	I	E	R	E	N	A	L	D

4. Schreibe zu den Wörtern Sätze in dein Heft.

Eine Luftballongeschichte

S. 43

1. Schau die Bilder genau an. Was geschieht?

2. Ordne jedem Bild den passenden Satz zu.
   Nummeriere die Sätze.

Malte und sein Luftballon

- ◯ Plötzlich gleitet Malte die Ballonschnur aus der Hand.
- ◯ Es ist Jahrmarkt. Vater kauft Malte einen Luftballon.
- ◯ Der Ballon fliegt hoch in die Luft.

3. Wie könnte die Geschichte weitergehen?
   Male ein Bild in das vierte Kästchen.
4. Schreibe die Sätze in der richtigen Reihenfolge in dein Heft.
5. Schreibe die Geschichte zu Ende.

1. Erweitere die Sätze in den Treppen mit den Adjektiven in der richtigen Form.

Luna hat ein Kleid an.

Luna hat ein ________ Kleid an.

Luna hat ein ________, ________ Kleid an.

Ben hat ein T-Shirt an.

Ben hat ein ________ T-Shirt an.

Ben hat ein ________, ________ T-Shirt an.

Aysun trägt Schuhe.

Aysun trägt ________ Schuhe.

Aysun trägt ________, ________ Schuhe.

2. Beschreibe Nils.

____

____

____

Wie Tiere sind

S. 46, 47

1. Verbinde jedes Nomen mit einem passenden Adjektiv.

Hund	groß
Elefant	wachsam
Eichhörnchen	klein
Maus	flink
Biene	bunt
Papagei	fleißig
Fuchs	klug
Eule	schlau

2. Bilde Sätze. Schreibe so:

Der Hund ist wachsam.

Am Morgen

Als Hanna aufwachte, war es dunkel und kalt.
Sie stand langsam auf und zog eine lange Hose
und einen dicken Pulli an.
Dabei sang sie leise ein kurzes Lied.
Zum Frühstück aß sie ein hart gekochtes Ei und
eine kleine Scheibe Brot.
Dazu trank sie kalte Milch.
Dann nahm sie ihre kleine Tasche und
ging zur Schule.

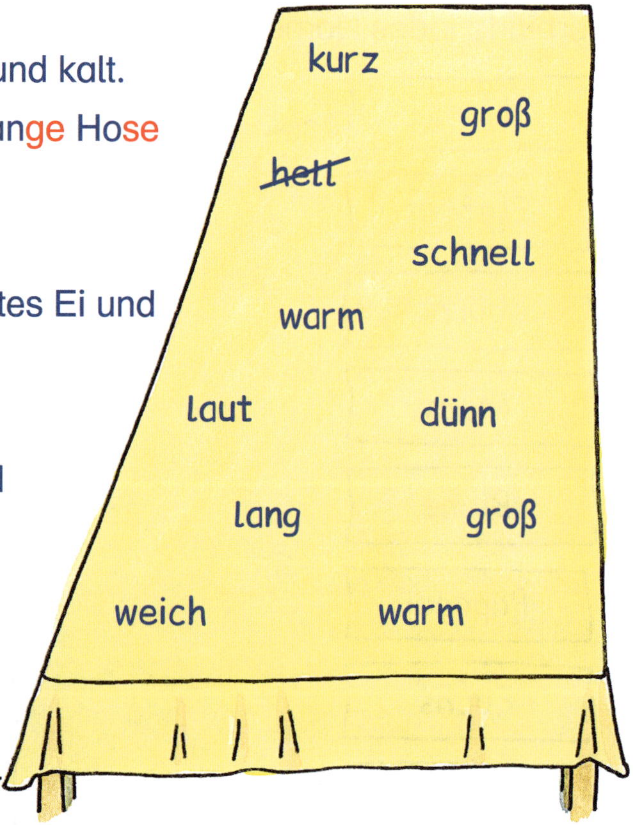

1. Lest die Geschichte und unterstreicht alle Adjektive.
2. Finde zu den Adjektiven in der Geschichte die gegenteiligen Adjektive. Setze sie in die Lücken ein.

Am Morgen

Als Hanna aufwachte, war es hell und ________.

Sie stand ________ auf und zog eine ________ Hose

und einen ________ Pulli an.

Dabei sang sie ________ ein ________ Lied.

Zum Frühstück aß sie ein ________ gekochtes Ei und eine

________ Scheibe Brot.

Dazu trank sie ________ Milch.

Dann nahm sie ihre ________ Tasche und ging zur Schule.

1. Setze s, ss oder ß ein. Das Wörterbuch hilft dir.

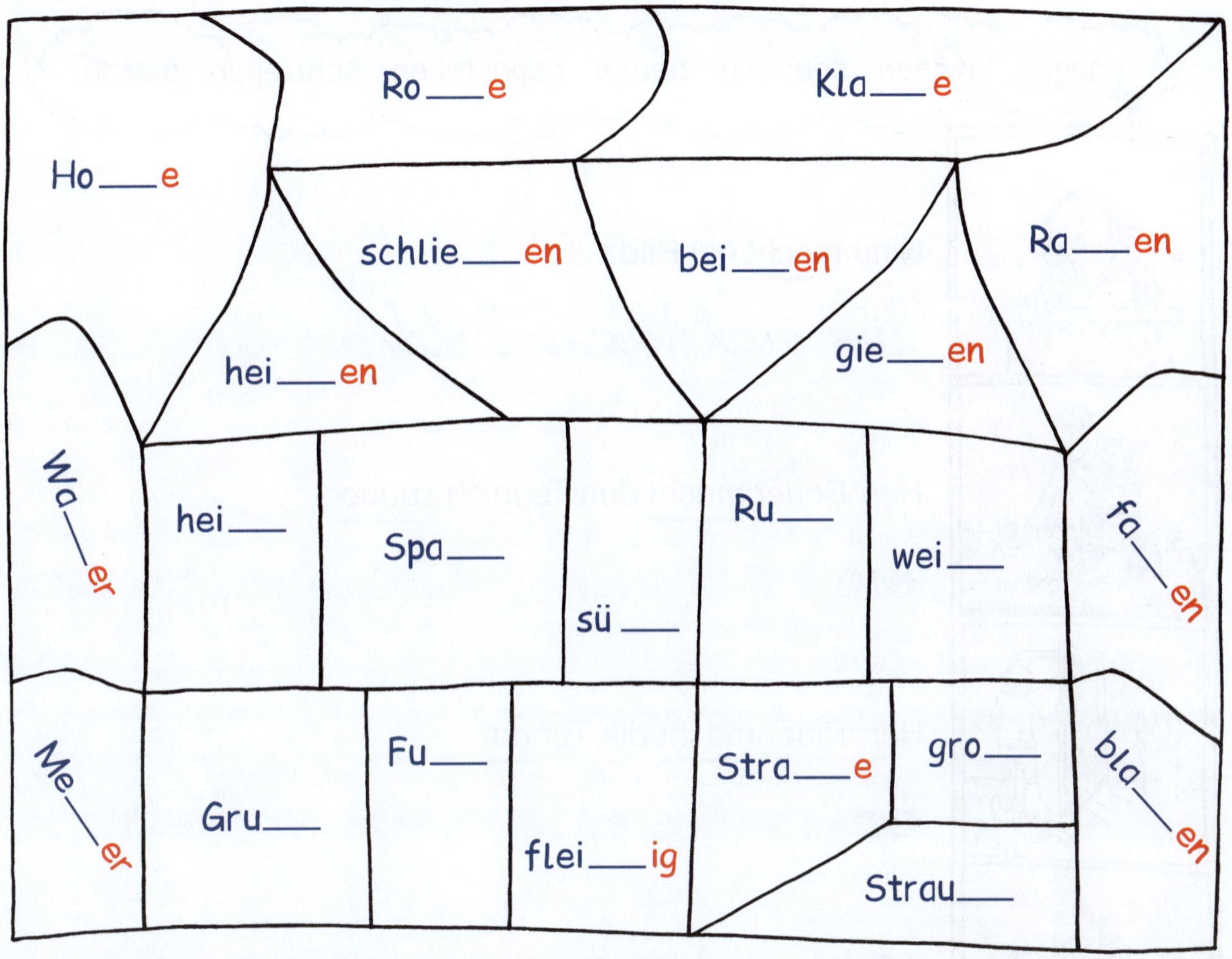

2. Male die Felder so aus: Nomen mit ß: grün; Verben mit ß: rot; Adjektive mit ß: gelb; Wörter mit s oder ss: blau

3. Trage die Wörter mit ß richtig ein.

Nomen	Verben	Adjektive

Was die Leute zu Hause machen

S. 50

So klingt es besser: Ersetze die unterstrichenen Wörter.

saugen öffnen säubern bauen reparieren schließen ~~malen~~

Nina macht ein Bild.

Sie malt ein Bild.

Herr Bauer macht den Teppich sauber.

Er

Herr Ritter macht die Tür auf.

Er

Bernd macht einen Turm.

Frau Roser macht den Käfig sauber.

Evi macht das Fenster zu.

Frau Beck macht das Radio ganz.

1. Sprich und klatsche die Nomen im Häuschen-Rhythmus.

2. Trage sie in die richtigen Häuschen ein.

~~Muter~~ - Mutter - Stopp

t/tt: Mu?er

p/pp: Su?e

iem/imm: Z?er

b/bb: Tu?e

p/pp: Pu?e

p/pp: Tre?e

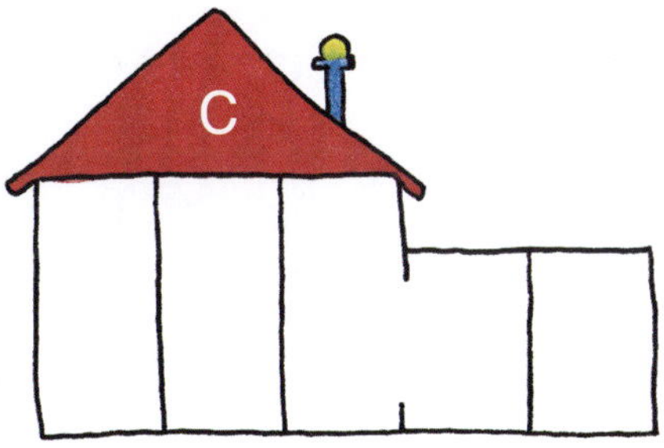

Übung zur richtigen Schreibung der Doppelkonsonanten; Lösung zur Selbstkontrolle S. 81

1. Ordne die Sätze den Bildern zu.
   Nummeriere die Sätze.

(1) Hanna öffnet ein Türchen am Kalender.

( ) Sie trägt ein Gedicht vor.

( ) Sie flötet ein Lied.

( ) Mutter und Hanna binden einen Kranz.

2. Ersetze die unterstrichenen Wörter durch ein entsprechendes Adventswort.

(1)

Hanna öffnet ein Türchen am Adventskalender.

(2)

(3)

(4)

3. Schreibe einen Satz mit einem eigenen Adventswort.

Im Wichteldorf

Vor Weihnachten sind die Wichtel sehr beschäftigt.
Fleißig beantworten sie die Briefe der Kinder.
Sie wollen ihnen eine Freude bereiten.
Die Wichtel basteln viele Geschenke.
Am Abend legen sie die Päckchen unter den Baum.
Das wird ein schönes Fest.

Schreibe die Geschichte ab.
Ersetze die unterstrichenen Wörter durch entsprechende Weihnachtswörter.

Im Weihnachtswichteldorf

Schreibe auf, was Hanna nacheinander macht.
Bilde mit den vorgegebenen Wörtern Sätze.

250 g Butter
125 g Puderzucker
1 Päckchen Vanillezucker
300 g Mehl
1 EL Milch
Rosinen
Mandeln

Zutaten

verrühren

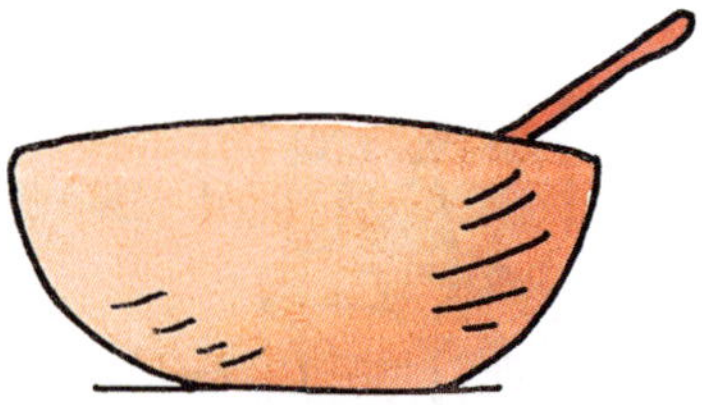

Hanna

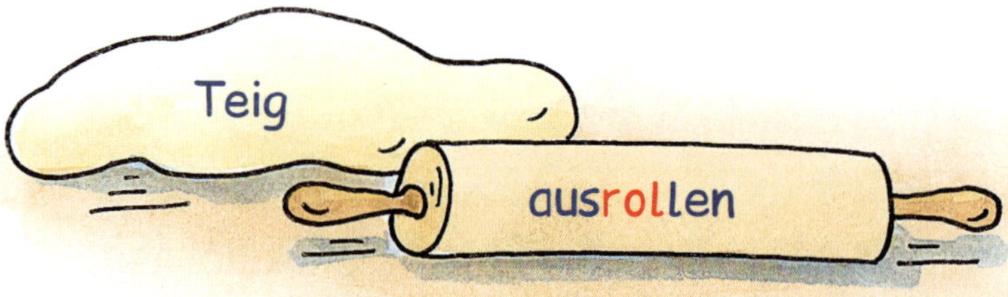

mit Tasse

Gesichter

ausstechen

legen

und

auf das Backblech

und

zwei Rosinen als Augen

vier Mandeln als Mund

in Teig

drücken

Blech

in Ofen

schieben

Wörter mit ck: Nomen oder Verb?

S. 65

1. Färbe die Felder mit den Nomen braun und die Felder mit den Verben gelb.

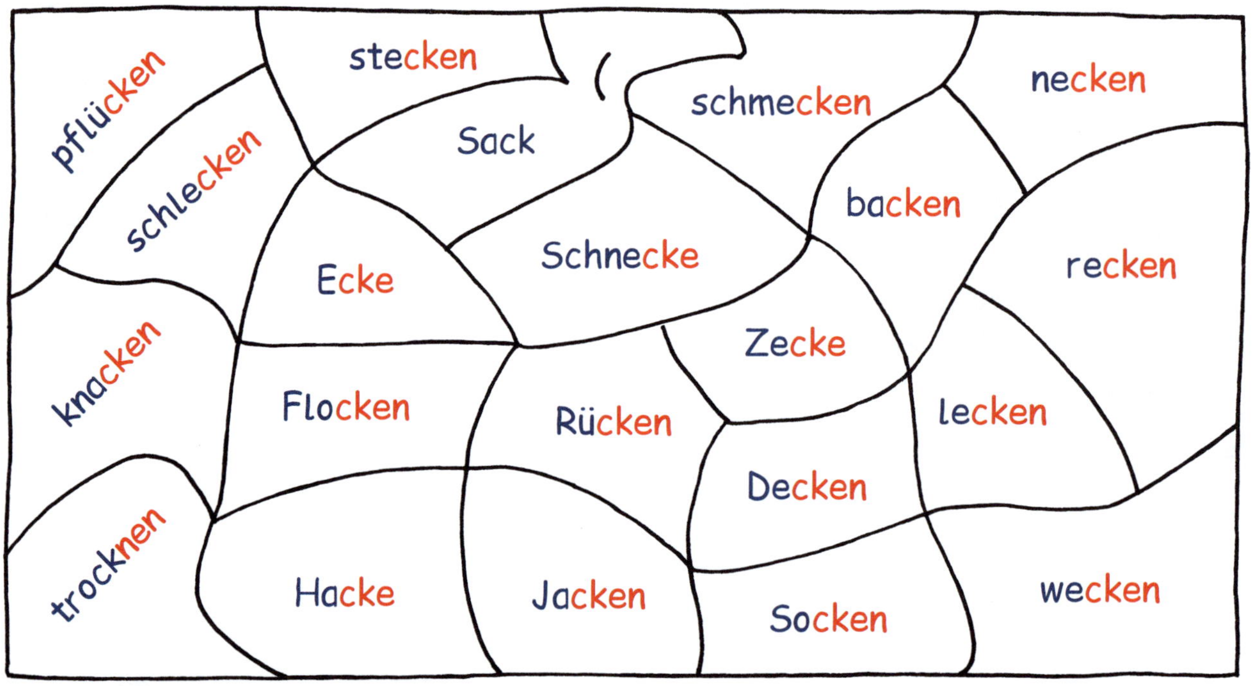

2. Trage die Nomen mit Artikel ein.

Einzahl	Mehrzahl

Der Rhythmus macht's! – Was kann ich schon? S. 65

1. Sprich und klatsche die Nomen im Häuschen-Rhythmus.
2. Trage sie in die richtigen Häuschen ein.

Jäger – Jacke – Stopp

g/gg: Jä?er

A: J ä | g e r

C: J a c k e

k/ck: Ja?e

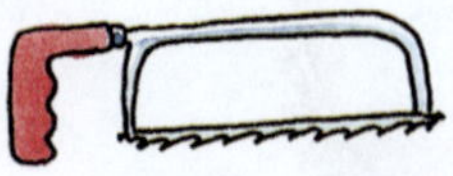

g/gg: Sä?e

A: S ä | g e

C: S ä c k e

k/ck: Sä?e

g/gg: Zü?e

A: Z ü | g e

C: Z u c k e r

k/ck: Zu?er

g/gg: Re?en

A: R e | g e n

C: R ü c k e n

k/ck: Rü?en

k/ck: Ha?en

A: H a | k e n

C: H a c k e

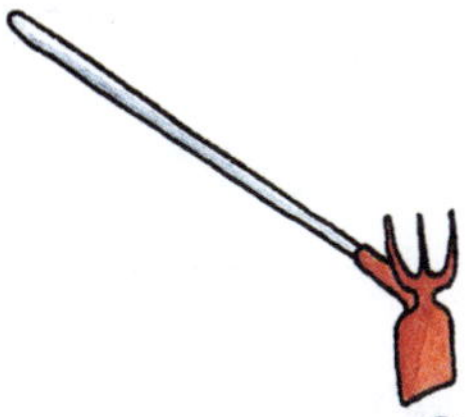

k/ck: Ha?e

Übung zur richtigen Schreibung der Doppelkonsonanten; Lösung zur Selbstkontrolle S. 81

Wir reimen

1. Finde die passenden Reimwörter in den Päckchen.
2. Schreibe sie in die richtige Kugel.

Das Jahr hat zwölf Monate

S. 70

Setze das Silbenpuzzle zusammen.

Schreibe die Monatsnamen in der richtigen Reihenfolge auf.

1. Januar
2.
3.
4.
5.
6.
7.
8.
9.
10.
11.
12.

Rätsel mit dem Sams

S. 71

Gestern liegt ein Tag zurück.

Vorgestern liegt zwei Tage zurück.

Morgen ist ein Tag weiter.

Übermorgen ist zwei Tage weiter.

Kannst du alle Rätsel lösen?

1. Schreibe die Namen der Wochentage auf.

Wie heißt der erste Tag der Woche?

Heute ist Mittwoch. Welcher Tag war gestern?

Vorgestern war Donnerstag. Welcher Tag ist heute?

Heute ist Mittwoch. Welcher Tag ist dann übermorgen?

Heute ist Dienstag. Welcher Tag ist dann übermorgen?

Wie heißt der letzte Tag der Woche?

2. Stelle deinem Partner ein eigenes Rätsel.

Mit dem Bus zum Freund

S. 73

1. Nummeriert die Sätze in der richtigen Reihenfolge.

Mit dem Bus zum Freund

- ○ Ich gehe zur Haltestelle.
- ○ Mein Freund begrüßt mich.
- ○ Der Bus kommt.
- ○ Ich steige ein.
- ○ Ich steige aus.
- ○ Der Bus fährt los.

2. Schreibe die Sätze geordnet auf.

Scherzfragen

S. 74, 75

Hier sind sechs Fragen und sechs Antworten versteckt.

1. Färbe in den Fragesätzen die Fragewörter und setze Fragezeichen.
   Setze Punkte in den Antwortsätzen.
2. Verbinde die Frage mit der richtigen Antwort.

Welcher Mann friert nicht im Winter

Der Hase hat zwei Ohren, die man Löffel nennt

Der Zaunkönig hat kein Land

Welcher Hut passt auf keinen Kopf

Welches Wasser kannst du im Sieb tragen

Die Wurst hat zwei Enden

Welches Tier hat zwei Löffel, aber kein Messer

Welcher König hat kein Land

Was hat zwei Enden, aber keinen Anfang

Der Schneemann friert im Winter nicht

Der Fingerhut passt auf keinen Kopf

Im Sieb kann man gefrorenes Wasser tragen

Weich oder hart?

S. 76

1. Sprecht die Wörter zuerst in der zweisilbigen Form.
2. Schreibe dann die Wörter in der einsilbigen Form richtig auf.

Eine Wintergeschichte

S. 77

1. Schau die Bilder genau an. Was erleben Timo und Anna?
2. Überlege dir, wie die Geschichte weitergehen könnte.
   Male ein Bild in das letzte Kästchen.
3. Finde eine passende Überschrift.

1

Wintertag – Berg –
Schlitten – ziehen

2

Berg – hinuntersausen

3

Timo – nicht anhalten –
landen – im Bach

4

Anna bremsen – helfen –
Hand – herausziehen

5

Timo –
tropfnass sein

6

4. Schreibe die Geschichte ins Heft.

Gegensatzpaare

Immer zwei Adjektive bilden ein Gegensatzpaar.
Ein Wort des Paares ist waagerecht → versteckt, das andere senkrecht ↓ .

1. Finde sieben weitere Gegensatzpaare und färbe sie jeweils mit derselben Farbe.

l	a	n	g	s	a	m	b	t	f	g	w	a	r	m	n	o	h
s	b	c	n	a	s	s	s	r	k	h	e	l	l	b	l	d	a
c	w	e	i	c	h	n	c	o	r	a	k	n	f	z	e	u	r
h	n	i	k	o	j	a	h	c	h	j	l	e	t	k	i	n	t
w	b	r	a	z	l	e	n	k	f	i	e	g	h	e	s	k	o
e	b	f	l	i	d	u	e	e	h	u	i	b	n	s	e	e	i
r	a	g	t	t	z	i	l	n	c	h	n	b	j	x	y	l	m
l	e	i	c	h	t	g	l	g	r	o	ß	n	l	a	u	t	s

2. Schreibe die Gegensatzpaare auf.

langsam — schnell

Wie der Kater seine Stiefel bekam

S. 90

der jüngste müllersohn war traurig er hatte nur einen
kater geerbt dennoch bestellte er stiefel bei einem
schuster und bezahlte sie von seinem letzten geld der
kater schlüpfte mit den hinterpfoten in die schönen
lederstiefel nun verabschiedete er sich von seinem
herrn aufrecht wie ein mensch ging er davon

1. Schreibe den Text richtig ab.
   Setze Punkte.
   Schreibe die Satzanfänge und Nomen mit großem Anfangsbuchstaben.

2. Tauscht die Hefte aus und überprüft.

Im Königsschloss

S. 93

Das Prinzchen nimmt Schneewittchen mit auf sein Schlösschen.
Sie reiten auf dem Pferdchen durch das Törchen.
Die Dienerchen jubeln ihnen zu.
Die Gästchen warten bereits in dem Sälchen.
Sie tragen prächtige Kleidchen.
Nun vermählt das Königchen das junge Pärchen.
Alle feiern ein großes Festchen.

Schneewittchen muss sich jetzt umgewöhnen: Alle Dinge sind wieder groß.

1. Unterstreiche im Text alle Nomen in der Verkleinerungsform.
2. Ersetze die Verkleinerungsformen durch die entsprechenden Nomen.
   Schreibe den Text auf. Achte auch auf die Artikel.

Der Rhythmus macht's! – Was kann ich schon?

S. 93

1. Sprich und klatsche die Nomen im Häuschen-Rhythmus.
2. Trage sie in die richtigen Häuschen ein.

~~Brunen~~ – Brunnen – Stopp

n/nn: Bru?en

ies/iss: W?e

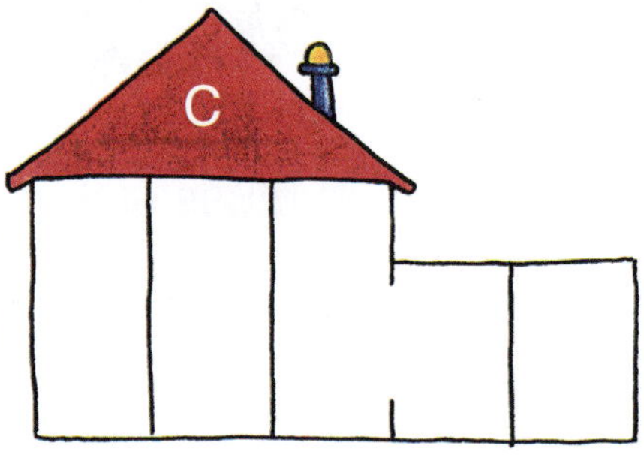

f/ff: O?en

ies/iss: K?en

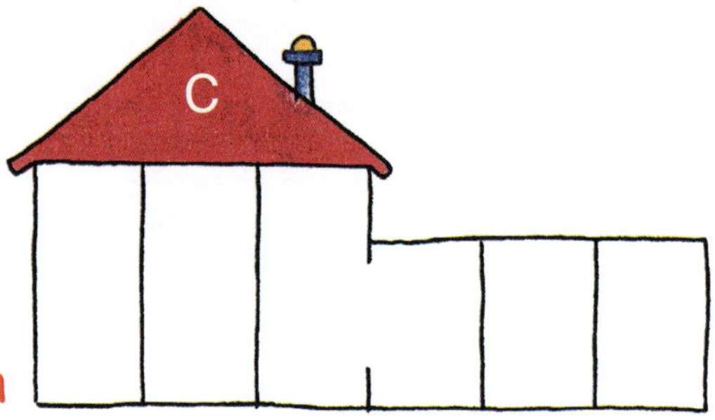

t/tt: Be?en

Übung zur richtigen Schreibung der Doppelkonsonanten; Lösung zur Selbstkontrolle S. 81

Wörterketten

S. 97

Hanna bildet eine Wörterkette mit zusammengesetzten Nomen.

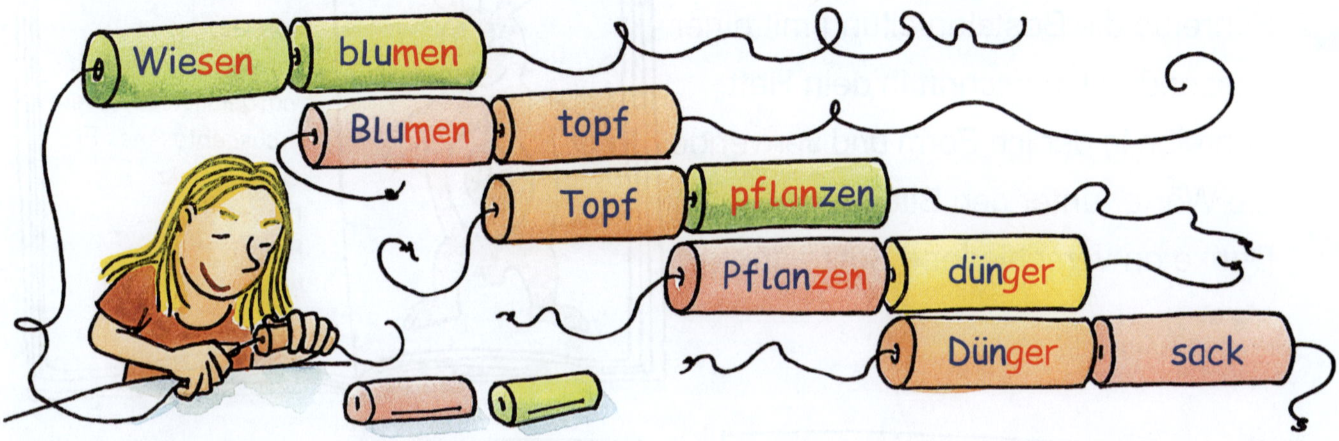

1. Bilde wie Hanna Wörterketten mit sinnvollen zusammengesetzten Nomen. Verwende die folgenden Wörter.

2. Suche selbst Nomen, die zusammengesetzt eine Wörterkette ergeben. Schreibe sie in dein Heft.

Wir basteln einen Hasen mit Eierbauch

S. 98 – 101

1. Schau dir die Bilder genau an.
2. Schreibe die Bastelanleitung mit einer passenden Überschrift in dein Heft. Schreibe in der ich-Form und verwende die Wörter unter den Bildern. Denke an verschiedene Satzanfänge.

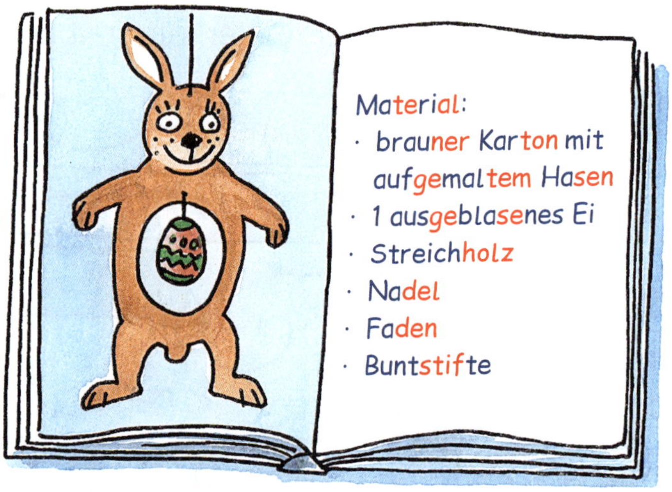

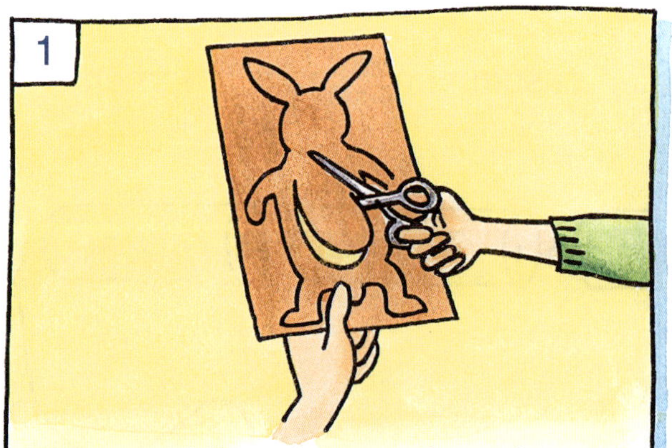
1 Hase und Bauch ausschneiden

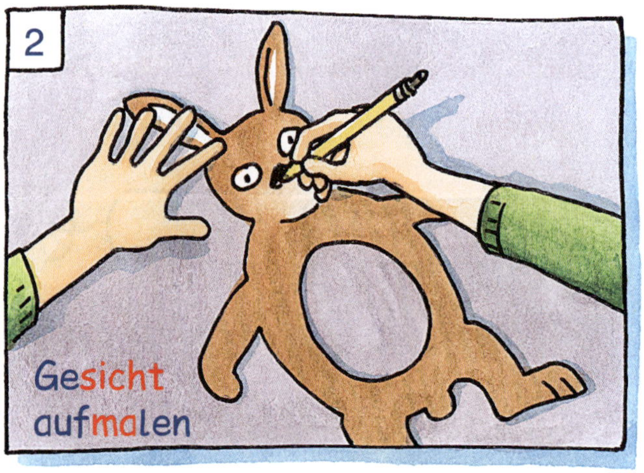
2 Gesicht aufmalen

3 Mit Nadel zwei Löcher oben und unten am Kopf bohren

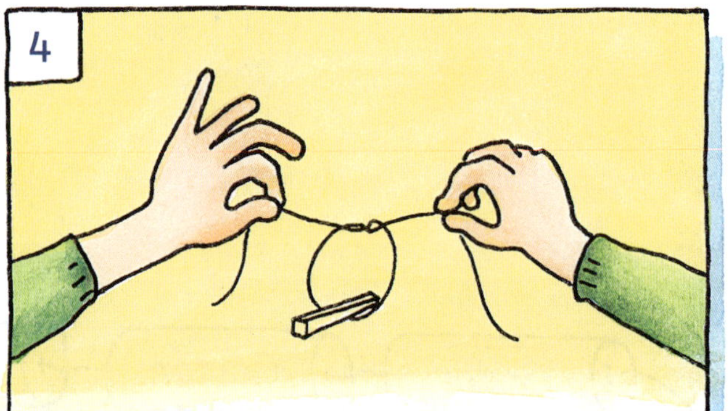
4 Faden um Streichholz binden

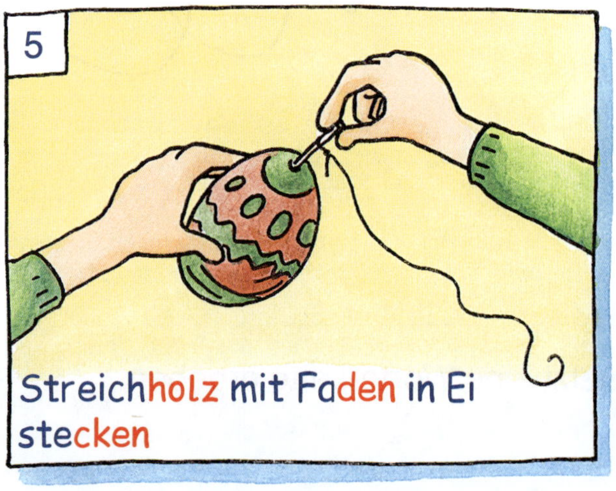
5 Streichholz mit Faden in Ei stecken

6 Faden durch Löcher ziehen und oben verknoten

Ostereier verstecken

S. 102

Wo würdest du die Ostereier verstecken?

1. Male sieben Eier in das Bild und färbe sie rot, blau, grün, gelb, orange, braun und lila. Wähle für jedes Ei eine andere Farbe.

2. Schreibe auf, wo du die Eier versteckt hast.

Das rote Ei liegt

Amseln im Park

S. 103

Lena und Malte haben im Park ein Amselnest entdeckt.

Schreibe immer zwei Sätze.
Vertausche den ersten Baustein mit dem letzten Baustein.

vier Amseljunge Amselmutter Amselvater Katze	hocken sitzen fliegen lauern	im Nest auf dem Nestrand zum Nest unter dem Baum

So wachsen Bohnen

S. 104

Was können Hanna und Malte in den folgenden Wochen beobachten?

1. Ordnet die Texte den Bildern zu.
2. Schreibe die richtigen Zahlen in die Kreise.

3. Schreibe die Beobachtungen zu den Satzanfängen. Bilde Sätze.

Zuerst

Dann

Nun

Danach

Jetzt

Zuletzt

Ein Zelt aus Bohnen

S. 105

Malte und seine Freunde wollen bei Oma und Opa im Garten ein Bohnenzelt wachsen lassen. Oma hilft den Kindern.

- ◯ acht Bohnenstangen holen
- ◯ Bohnen vorsichtig angießen
- ◯ Stangen oben mit Schnur zusammenbinden
- ◯ nun abwarten
- ◯ die Stangen im Kreis in die Erde stecken
- ◯ bei jeder Stange fünf Bohnen in die Erde stecken

1. Nummeriere die Streifen in der richtigen Reihenfolge.
2. Bilde Aufforderungssätze. Schreibe so:

Holt acht Bohnenstangen!

Verhaltensregeln im Wald

S. 105

Der Förster spricht mit den Schülern der Klasse 2 c über das richtige Verhalten im Wald.

2. Bilde Aufforderungssätze über das richtige Verhalten im Wald. Schreibe so:

Jage keine Tiere!

Mit dem Förster im Wald

S. 105

Die Schüler der Klasse 2c machen mit dem Förster einen Lerngang im Wald.

Der Förster zeigt den Kindern Bilder. Schreibe in Sätzen, was er erklärt.

das Kuckucksweibchen | ist | in ein fremdes Nest | das Kuckucksei | sein Ei | das größere Ei | legt

der junge Kuckuck | als Erster | schlüpft | er | nackt und blind | noch | ist

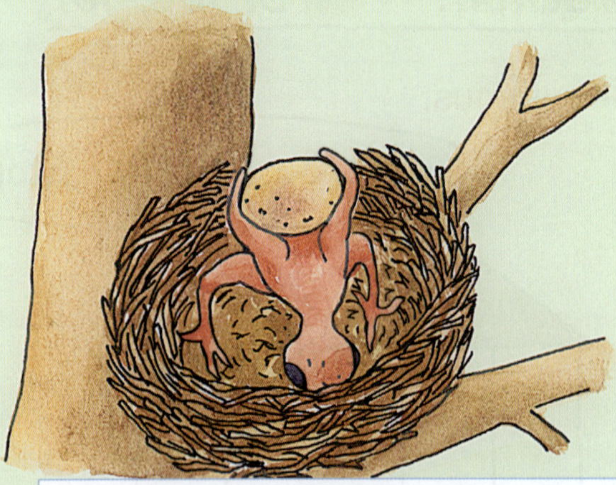

dann · er · hinaus

die anderen Eier · wirft · nun

er · das einzige Vogeljunge · ist

die fremden Vogeleltern · den kleinen Kuckuck

füttern · schnell · er · wächst

und · Federn · bekommt

bald · er · das Nest · ist

und · flügge · verlässt

Der Rhythmus macht's! – Was kann ich schon? S. 106, 107

1. Sprich und klatsche die Nomen im Häuschen-Rhythmus.

2. Trage sie in die richtigen Häuschen ein.

~~Schiefe~~ - Schiffe - Stopp

ief/iff: Sch?e

ieg/igg: Sp?el

ies/iss: R?e

ies/iss: R?e

ies/iss: W?e

ieg/igg: Z?e

 Übung zur richtigen Schreibung der Doppelkonsonanten; Lösung zur Selbstkontrolle S. 81

i oder ie?

S. 106, 107

1. Beantwortet die Rätselsätze mit i- oder ie-Wörtern.
2. Trage die Buchstaben in die Kästchen ein.
3. Ergänze den Lösungssatz.

Das Gänseblümchen ist eine

______________________________.

1) Auf ihr wachsen viele Blumen.
2) Sie sammeln Nektar und Pollen.
3) Ein Igel hat … Beine.
4) Sie bauen Netze, um Beutetiere zu fangen.
5) Sie meckern.
6) Das macht man, wenn man Durst hat.
7) Das Märchen von den … Geißlein.
8) Gegenteil von böse.
9) Darin hängen Glocken.
10) Wir schauen ihn im Kino an.
11) Darin kann man sich sehen.

Rätsel im Sechseck

S. 109

1. Finde die sechs Tiernamen mit **chs** und schreibe sie in das Sechseck.

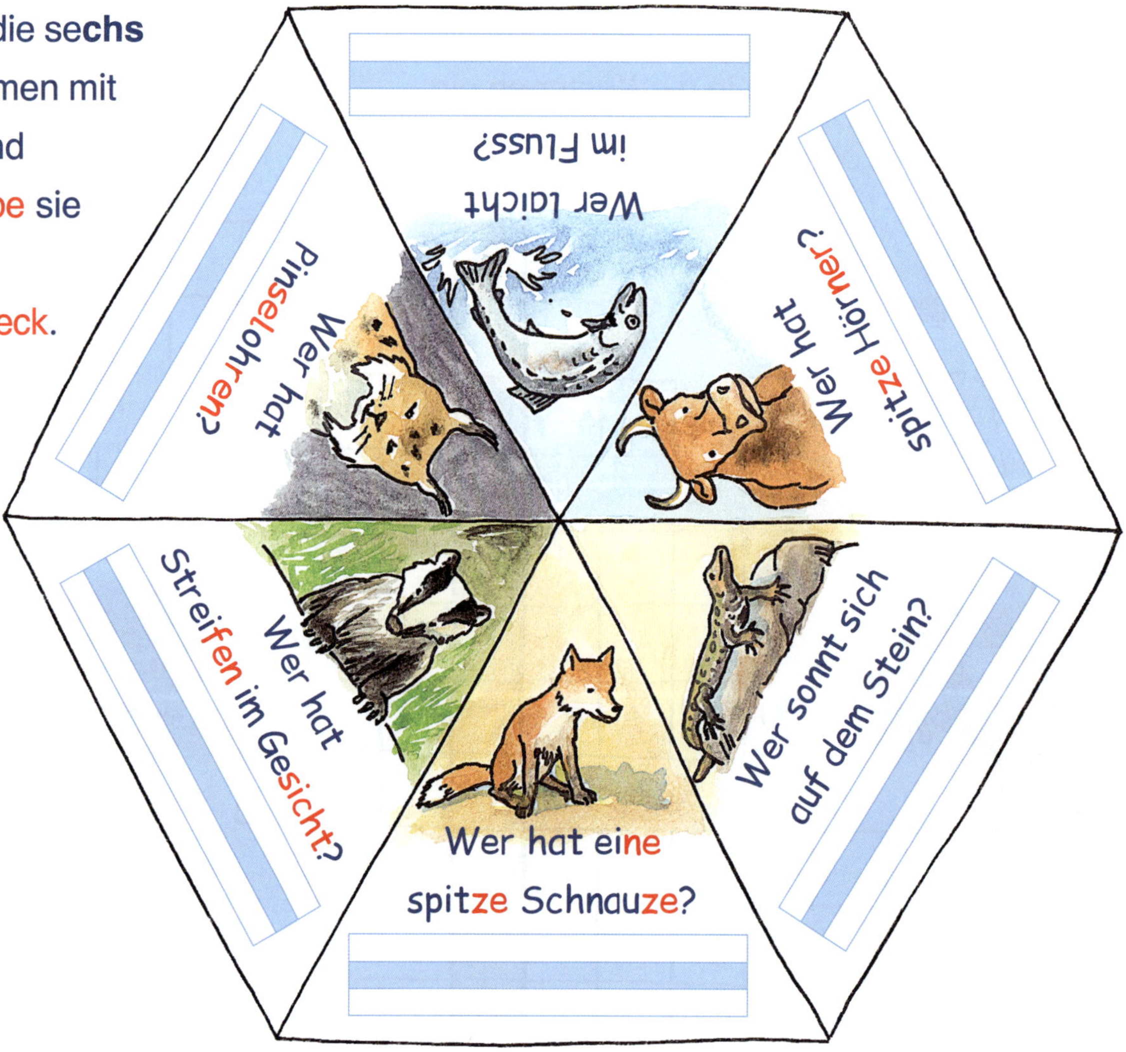

2. Schreibe die Antworten in Sätzen auf. Setze die passenden Tiernamen ein.

Der Lachs laicht im Fluss.

Besuch in der Bücherei

S. 115

1. Klebe die ausgeschnittenen Bilder von S. 79 in der richtigen Reihenfolge ein.

1

2

3

4

5

6

2. Könnt ihr die Geschichte erzählen?

3. Spielt die Geschichte mit verteilten Rollen.

4. Schreibe die Geschichte mit einer passenden Überschrift in dein Heft.

Bücherquiz

S. 115

1. Lest die Textstellen und überlegt, in welchen Büchern ihr sie finden könnt. Welche Wörter geben euch Hinweise?
2. Ordne die Texte den Büchern zu und schreibe die passende Zahl in die Sprechblasen.

3. Bringt Bücher mit und wählt Textstellen aus. Schreibt die Texte auf Karten.
4. Führt damit in der Klasse ein Bücherquiz durch.

V wie F oder W

1. Sprich alle Wörter.
2. Klingt V wie F, dann male das Feld grün aus.
   Klingt V wie W, dann male das Feld grau aus.

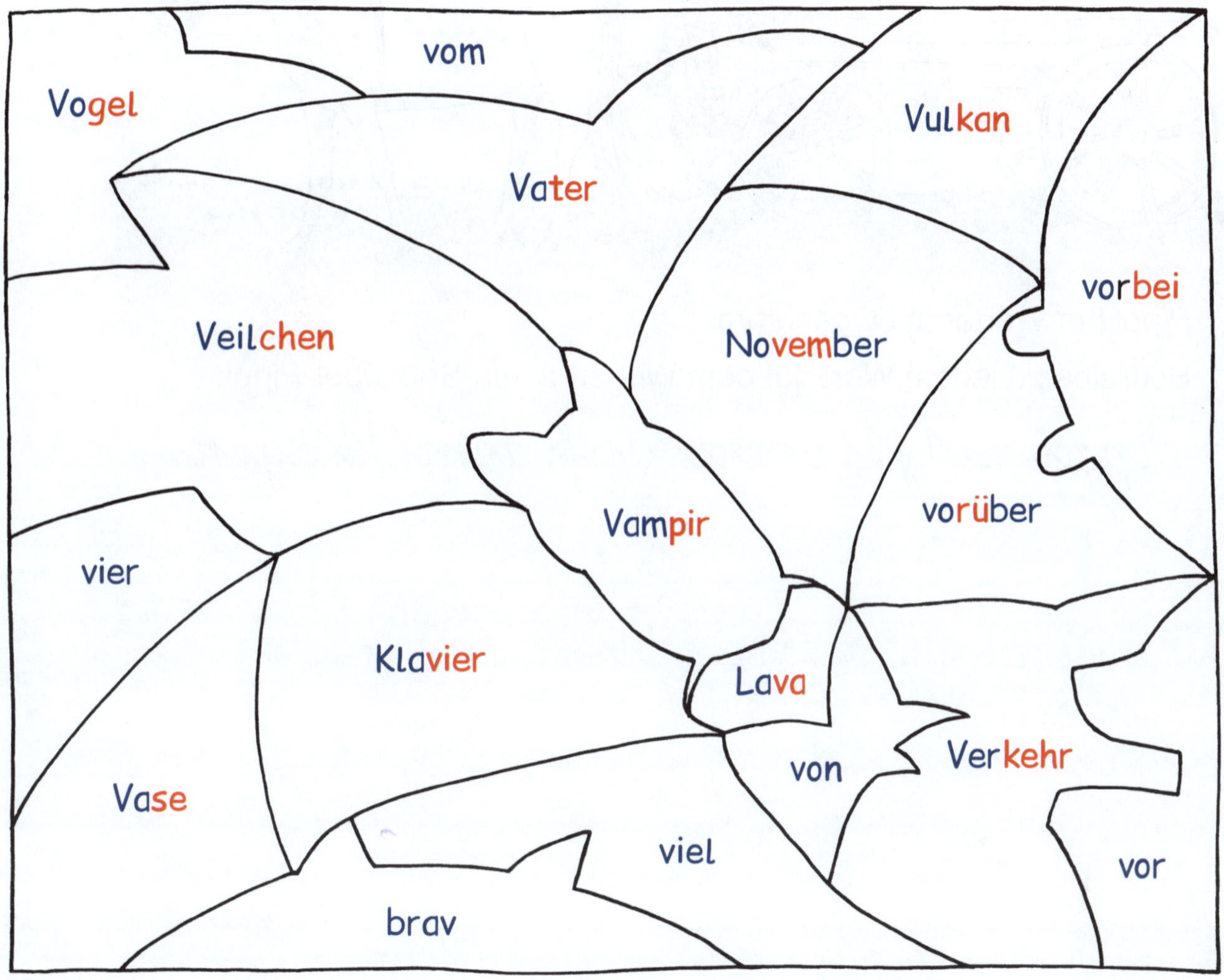

3. Ergänze die Sätze mit den Wörtern, bei denen du W hörst.

Die Blumen sind in der ____________.

Der Ätna ist ein ____________.

Aus dem Vulkan fließt ____________.

Der Pianist spielt auf dem ____________.

Der Gemeine ____________ ist eine Fledermaus aus Südamerika.

Der elfte Monat heißt ____________.

Pippi hat Wörter mit v gesammelt.

1. Schreibe zu jedem Wort auf dem Wagen einen Satz über Pippi.

Pippi sitzt vorne auf dem Wagen.

Findest du die sieben Nomen mit V?

2. Kreise ein.

V	E	I	L	C	H	E	N	I	R	A	V	S
O	G	V	A	S	E	K	V	U	L	K	A	N
G	B	W	O	R	S	K	Q	E	Y	A	T	U
E	L	T	C	V	E	R	K	E	H	R	E	T
L	O	M	P	U	M	V	A	M	P	I	R	S

3. Schreibe die Nomen mit Artikel in dein Heft.

Wortbaustein: Vorsilbe

1. Bilde neue Verben und schreibe sie auf.

auf – stellen, legen, nehmen

weg – fahren, gehen, bleiben

2. Bilde neue Verben und schreibe sie auf.

vor, auf, be – stellen

3. Ergänze die Sätze mit passenden Verben aus Aufgabe 2.

In der Schule muss Pippi sich ______.

In der Sportstunde müssen sich alle Schüler ______.

Pippi, Annika und Tommi ______ Limonade.

S. 119

Die Gänse machen mit Nils Holgersson auf einer kleinen Insel Rast.

Nils sitzt auf einem Felsen und ________ verträumt auf das Meer.

In der Ferne ________ er ein Schiff.

Plötzlich ________ er Schatten neben sich ________.

Er dreht sich um und ________ die Gänse neben sich fressen.

Er ________, wie sie gierig die zarten Kräuter abzupfen.

Dann ________ er eine bunte Feder zwischen den Steinen.

Fasziniert dreht er sie zwischen Daumen und Zeigefinger und

________ sie. Von welchem Vogel mag diese Feder wohl stammen?

1. Besprecht, welche Verben in die Lücken passen.
2. Ergänze die Sätze mit den Wörtern auf den Steinen.

Franz und die Tintenwolken

Franz erzählt Gabi sein Missgeschick mit dem Rechenheft.

Gestern war meine Mutter im Bad und duschte.
~~Und~~ ich lief hin.
Und ich stolperte und mein Rechenheft fiel – platsch –
ins Wasser.
Und auf jeder Seite waren nur noch nasse Tintenwolken.
Und mein Vater schrieb dem Lehrer einen Brief.
Und auf dem Schulweg regnete es.
Und auch diese Schrift hatte sich in Tintenwolken aufgelöst.

Tipp:
Das Verb steht an zweiter Stelle.

1. Lest den Text laut.
2. Streiche „Und" am Satzanfang durch und schreibe die Sätze.
   Wähle passende Satzanfänge aus dem Vorhang.

Gestern war meine Mutter im Bad
und duschte. Schnell lief ich hin.

Spiel und Spaß auf dem Sportplatz

S. 122, 123

1. Ergänze die Wörter mit Sp/sp oder St/st.

Heute findet der ◯ortunterricht der Klasse 2 c auf dem ◯ortplatz statt. Auf der ◯ielanzeige ist noch der ◯iel◯and 3 : 2 vom letzten Fußball◯iel zu sehen. Der ◯ortlehrer teilt die Kinder in drei Gruppen ein.
Die erste Gruppe wartet am ◯art auf das ◯artsignal.
Dann laufen sie los.
Die zweite Gruppe übt Weit◯rung an der ◯runggrube.
Die dritte Gruppe ◯ellt sich in zwei Mannschaften auf dem ◯ielfeld auf und wartet auf den An◯oß.
So sollte der ◯ortunterricht immer sein, wünschen sich die Kinder.

2. Schreibe alle Wörter mit Sp/sp und St/st in die Linien.

Der Rhythmus macht's! – Was kann ich schon? S. 122, 123

1. Sprich und klatsche die Nomen im Häuschen-Rhythmus.
2. Trage sie in die richtigen Häuschen ein.

~~Splieter~~ - Splitter - Stopp

iet/itt: Spl?er

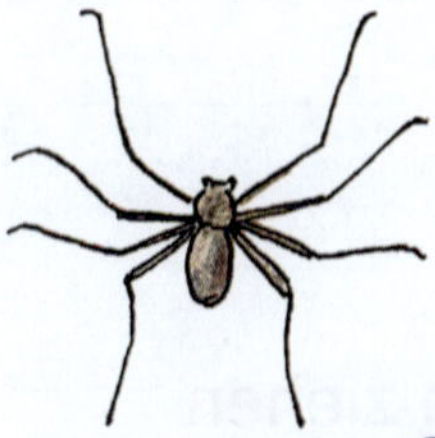
ien/inn: Sp?e

ieg/igg: Sp?el

k/ck: Stö?e

s/ss: Spro?e

Pferdeberufe

S. 130

Pferde werden wie Hunde für besondere Aufgaben ausgebildet.

Finde zu jeder Aufgabe den passenden Pferdeberuf. Schreibe so:

dem Polizisten beim Streifendienst helfen

Das Polizeipferd hilft

Hindernisse überwinden

die Kutsche ziehen

die Baumstämme aus dem Wald ziehen

Kunststücke vorführen

Der aufmerksame Kasimir

S. 131 – 136

1. Schau die Bilder genau an. Was geschieht?
2. Wie könnte die Geschichte weitergehen? Male ein Bild in das letzte Kästchen.
3. Finde eine passende Überschrift.

4. Schreibe die Geschichte mit der Überschrift in dein Heft.
Die Wörter unter den Bildern helfen dir dabei.

1. Sprich und klatsche die Wörter im Häuschen-Rhythmus.
2. Trage sie in die Häuschen ein.

Käuze – Katze – Stopp

z/tz: Käu?e

z/tz: Ka?e

z/tz: Schnau?e

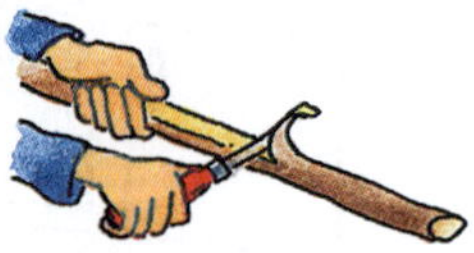
iez/itz: schn?en

z/tz: Wei?en

iez/itz: W?e

z/tz: rei?en

iez/itz: r?en

z/tz: hei?en

iez/itz: H?e

 Übung zur richtigen Schreibung der Doppelkonsonanten; Lösung zur Selbstkontrolle S. 81

1. Sprich und klatsche die Wörter im Häuschen-Rhythmus.
2. Setze z oder tz ein.
3. Färbe alle Wörter mit z grün, alle Wörter mit tz hellbraun.

4. Schreibe die Verben mit tz in der Grundform und in der er-Form.

Grundform	er-Form

Vorbereitungen für den Reiterwettbewerb

S. 140

1. Lest den Text laut.
2. Entscheide, ob du F/f oder Pf/pf in die Lücken einsetzen musst. Trage ein.

Malte __ährt mit dem __ahrrad zu seinem __legepony.

Er __ührt es von der Weide über das Ko__stein__laster in den Ho__.

Dann bindet er es an einem __osten __est und __legt das __ell mit einer weichen Bürste.

Danach __licht er kleine __este Zö__e in die Mähne.

Nach einer Weile stam__t das __erd ungeduldig mit dem Hu__ au__.

Malte klo__t ihm beruhigend den Hals.

Zum Schluss __ettet Malte die Hu__e ein.

Zur Belohnung __lückt er einen __rischen A__el vom Baum.

Nun ist das Pony __ertig. Jetzt kann der Reiterwettbewerb beginnen.

3. Schreibe alle Wörter mit Pf/pf auf.

Piratentrunk

S. 145

Hanna und Malte bereiten den Piratentrunk zu.

Schreibe auf, was sie nacheinander tun.

1. In jeder Wortgruppe passen zwei Wörter nicht. Streiche sie durch.

2. Im Netz findest du Oberbegriffe zu Aufgabe 1.
Wähle zu jeder Wortgruppe den passenden Oberbegriff aus.
Schreibe ihn darüber.

3. Finde zu jeder Wortgruppe den passenden Oberbegriff.

4. Finde weitere Wortgruppen mit mindestens vier Wörtern
und dem passenden Oberbegriff. Schreibe sie in dein Heft.

Fertig zum Ankern

S. 147

1. Lies den Text.
2. Schreibe in jede Lücke das passende Verb.

Der Schiffsjunge ________:

Haben wir endlich die Schatzinsel gefunden?

Kapitän Holzbein ________: Geduld, Geduld, mein Sohn.

Der Papagei ________: Geduld, Geduld!

Da wird Kapitän Holzbein wütend und ________:

Halt endlich deinen Schnabel!

Nun ________ er den Piraten: Alles fertig machen!

Wir gehen gleich vor Anker!

Deshalb ________ der Bootsmann: Holt die Segel ein.

3. Finde weitere Verben, die du für **sagen** einsetzen kannst.

________ ________

________ ________

Auf Schatzsuche

S. 148, 149

Die Piraten wollen wissen, wo der Schatz versteckt ist.
Sie folgen den einsilbigen Wörtern mit dem stummen h.

1. Zeichne den Weg der Piraten ein. Kreuze das Versteck an.

Der Schatz ist
- ☐ unter der Palme versteckt.
- ☐ in der Höhle versteckt.
- ☐ zwischen den Felsen versteckt.

2. Schreibe alle Nomen mit dem stummen h in der Einzahl und in der Mehrzahl auf.

Endlich an Land

S. 150

1. Lest die Geschichte und überlegt, welche Wörter aus der Höhle in die Lücken passen.
2. Setze die Wörter ein.

Kapitän Holzbein und die Piraten sitzen bereits im Beiboot.

Der Schiffsjunge klettert zu ________ und fragt:

Darf ich auch rudern?

Kapitän Holzbein reicht ________ ein Ruder.

Auch die Piraten ergreifen ________ Ruder.

Kapitän Holzbein gibt ________ das Kommando:

eins – zwei – eins – zwei!

Nach kurzer Zeit erreichen sie ________ Ziel.

Sie waten durch das flache Wasser zur Insel

und ziehen ________ Boot an Land.

Nun holt Kapitän Holzbein die Schatzkarte hervor.

Erwartungsvoll schauen die Piraten zu ________.

Werden sie den Schatz finden?

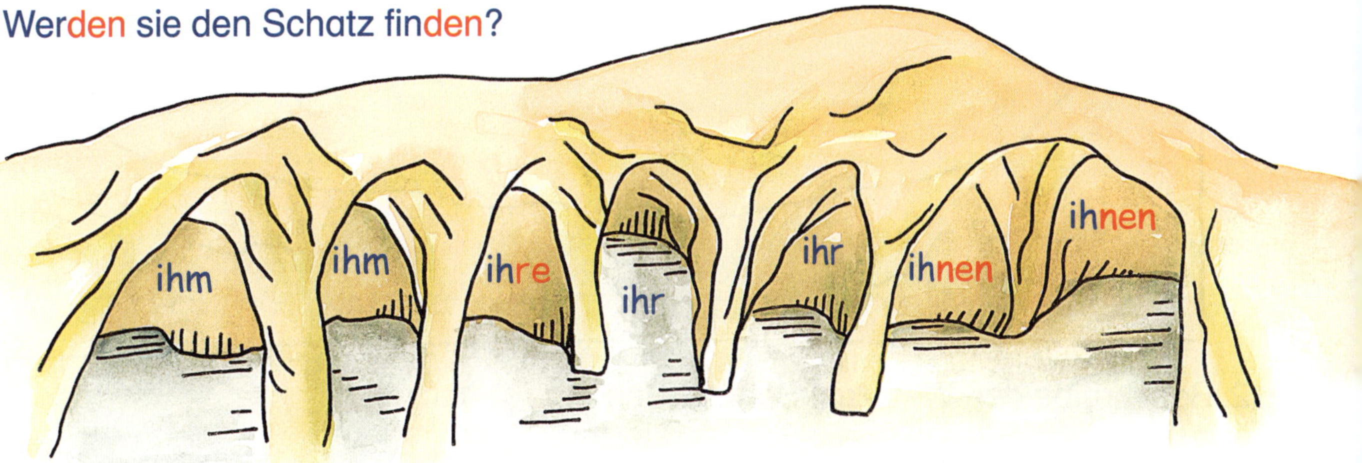

Meine Schatzkarte

1. Male eine Schatzkarte.

Das kannst du auf die Insel malen:

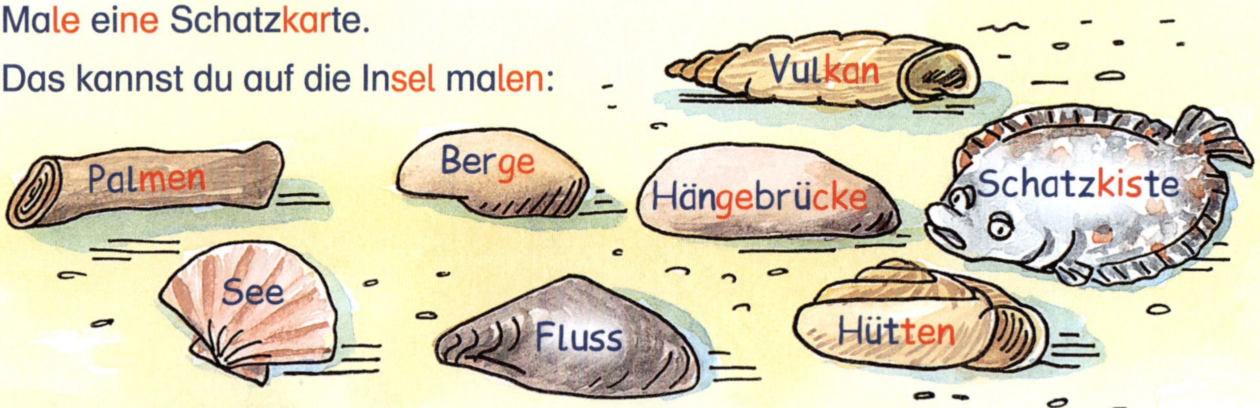

Das kannst du ins Wasser malen:

Fällt dir noch etwas ein?

2. Beschreibe den Weg zum Schatz. Schreibe in dein Heft.

Ausschneideblatt zu Seite 59

1. Schneide an der gestrichelten Linie durch.

2. Schneide dann die Bilder einzeln aus.